OBSERVATIONS

A NAPOLÉON

Sur l'Acte additionnel ou de modification

du 22 avril 1815,

Par Louis-Joseph-Hyacinthe Tousard,

ex-Législateur.

A VANNES,

De l'Imprimerie de V.ᵉ Bizette, place Réunion.

AN 1815.

OBSERVATIONS
A NAPOLÉON

Sur l'Acte additionnel ou de modification
du 22 Avril 1815,

Par Louis-Joseph-Hyacinthe PONSARD, Avocat,
ex-Législateur.

Villeneuve en Pleucadeuc, arrondissement de Vannes,
département du Morbihan, le 6 Mai 1815.

NAPOLÉON,

VOUS vous perdez, et vous perdez la patrie !
L'unité, qui pouvait seule faire digue à l'inondation qui nous menace, est prête à se rompre.

Si les conseils qui vous entourent ne vous le disent pas, ou ils s'abusent, ou ils ne se croient pas libres dans la manifestation de leur pensée, ou ils vous trompent.

L'acte du 22 avril vous met aux prises avec nos principes et avec l'opinion qui a renversé deux fois le trône des Louis, qui avait sappé le vôtre, et que nulle puissance ne fera désormais rétrograder.

(4)

Cet acte a des suites aussi alarmantes que celles qu'eurent
la constitution du Sénat de 1814, et la charte qui lui fut
substituée.

Aujourd'hui, comme alors, le découragement prend la
place de l'enthousiasme : encore une constitution libérale,
s'écrie-t-on de toute part, et le problème de la révolution
sera résolu par l'adoption d'une dynastie nouvelle avec tous
les inconvéniens et l'abus de l'ancienne.

Tel est, Napoléon, l'empire de l'opinion, que le faisceau
qui se formait autours de vos aigles décroît aussi subitement
qu'on a vu naguère les peuples s'isoler de la cause de Louis,
(et pourquoi le taire ?) qu'on les avait vus, auparavant,
se séparer de la vôtre.

Les mêmes causes produisent les mêmes effets, Napoléon ;
les entreprises sur les droits du corps social opèrent une
révolution dans l'opinion, dans l'opinion qui fait et défait
les rois.

On ne donnera plus le change à un peuple qui a la connaissance bien acquise de ses droits politiques, qui n'ignore
ni les limites, ni l'étendue que doivent avoir la liberté et
l'égalité sociale.

Elle existe encore cette génération de 1789 ; celle qui
lui succède, témoin de sa conquête, associée aux sacrifices
qui l'ont assurée, s'est élevée dans la théorie et la pratique
des principes qui seuls peuvent assurer l'indépendance et
la félicité des peuples.

O combien on se trompe, si l'on nous considère comme
une populace inhabile et stupide qu'on puisse, aux cris de
liberté et d'égalité, mener à la servitude ! Ces cris des
Bourbons, à la veille de leur dernière catastrophe, n'ont
pu ni racheter, ni expier leurs fautes ; ils ne paralyseront
pas davantage notre jugement sur l'acte du 22 avril.

Les lumières ont fait des progrès beaucoup plus étendus
qu'on ne pense. Nous sommes beaucoup trop familiarisés avec
les choses, pour que les mots puissent nous en imposer.

Nous avons eu la science et la dignité de caractère nécessaires pour nous affranchir des abus de l'ancien régime.
C'etait là une conquête difficile sans doute ; car il fallait
triompher d'institutions qui , aux reproches de leurs vices ,
opposaient l'empire des préjugés et l'autorité des siècles.

Mais aujourd'hui que nous avons la connaissance de nos
droits, de nos libertés , de notre égalité , et que nous avons
vaincu tous les obstacles , on espérerait en-vain qu'après
avoir détruit jusqu'aux élémens d'abus antiques , nous prê-
tassions notre libre consentement à fonder les institutions du
despotisme.

Ne vous y trompez pas, Napoléon ; quand nous avons
pris parti dans la luttte qui s'est établie entre l'ancienne
dynastie et la vôtre, nous n'avons pas réduit la question
au choix d'un tyran.

Pesez-nous à une autre mesure ; estimez-nous comme nous
méritons de l'être. La nation française a franchi depuis long-
temps ce degré de honte et d'avilissement.

L'amour de nos droits , l'amour brûlant de notre liberté ,
de notre égalité, ont dicté notre préférence, Les peuples ne
se sont séparés des lys que parce que les Bourbons se sont
montrés étrangers à toute idée d'un contrat social, tel que
nous l'avions conçu.

Ils ne se sont ralliés autour de vos aigles, que parce que
vous aviez proclamé une franche et droite association à
leur cause.

Soyez bien averti que c'est là notre profession de foi
politique, et que telle est la force et la constance de notre
inclination, qu'il n'y a parmi nous , pour le constituant ,
d'institution durable , qu'autant qu'il ait l'intelligence intime,
comme nous avons l'amour soutenu de nos droits.

C'est ce défaut d'intelligence qui a perdu l'ancienne d'y-
nastie ; si elle en porte la peine, la faute n'en est pas toute
entière à elle : notre régime jusqu'à son retour a causé son
erreur. De la domination absolue sous laquelle nous courbions

la tête depuis longues années, elle a pu conclure en effet
que nous avions perdu le sentiment de notre dignité.

Mieux instruite de la cause véritable des gémissemens des
peuples, elle nous eût sans doute pris, tels que nous étions;
et rentrée au sein de la patrie avec une constitution aussi
franche dans ses formes, que libérale dans ses distributions,
elle eût consommé votre abdication dans tous ses effets, et
ne vous eût laissé pour toute perspective que le pélérinage
des pasteurs des peuples qui devaient venir, de siècle en
siècle, dans le recueillement de votre tombeau, étudier
cette grande leçon pour les rois, et méditer sur les causes
de la prospérité et de la décadence des empires.

Et nous, Napoléon, nous eussions regretté sans doute que
les qualités les plus éminentes n'eussent pas été un préser-
vatif contre l'aveuglement de l'ambition ; mais de cruels
souvenirs eussent rendu plus sensible pour nous le bienfait
d'une constitution destructive des abus d'autorité dont nous
nous sauvions, et de l'insultante inégalité qui avait été le
germe de nos convulsions politiques ; car n'imitons pas l'ini-
quité des écrivains qui, en trempant leur plume dans le fiel,
se sont étudiés à recueillir vos fautes, en écartant avec soin
tout ce que votre vie avait de grand et de sublime. C'est
une méchante pratique devant un peuple généreux par caractère, qui, avec une balance égale, pèse les écarts et
consacre les faits mémorables des hommes qui ont illustré
la patrie. En jetant l'odieux d'une basse jalousie sur un Gouvernement dont on les croyait l'écho et dont ils n'étaient
que les amis mal-adroits, ou les ennemis les plus décidés,
ces écrivains ont centuplé le nombre de vos partisans ; et
la raison ? Si la prospérité aggrave les fautes, le malheur
les expie : le grand homme dans l'infortune doit briller de
tout l'éclat de ses vertus; c'est de ce côté qu'on aime à le
considérer.

Les mêmes égards, la même justice sont dus à la dynastie
en exil. Pourrions-nous l'appeler toute entière à ce grand

procès, sans y appeler nos ancêtres ? La nation française n'au-
rait-elle commencé à être grande qu'avec le siècle ? Ce n'est
pas sous une suite de rois barbares qu'un grand peuple
parvient au degré de civilisation, de connaissance, de ri-
chesses, de grandeurs où nous a trouvés la révolution ; le
magnifique spectacle de la France ne signale assurément pas
à la génération une dynastie ennemie de toute prospérité.

L'émulation de toute espèce n'était pas sans appui, chez
un peuple qui a produit en 1789 le sénat le plus auguste
qu'ait vu le monde.

Nos pères ont été grands avant nous ; sous la conduite de
leurs chefs, puissans dans les deux mondes, puissans sur
les deux élémens, ils nous ont transmis des drapeaux et
des enseignes respectés des nations.

La féodalité, sans doute, a long-temps retardé nos progrès ;
mais serons-nous assez injustes, ou assez étrangers à l'histoire de notre pays pour en accuser les rois dont les soins
constans, pendant une longue suite de siècles, ont tendu à
la ruine de cette monstrueuse puissance.

Notre admiration pour le grand-homme qui illustre ce
siècle ne doit pas éteindre celle qu'ont méritée ceux de nos
princes qui ont illustré les leurs. Nous nous enorgueillirons
toujours d'un Charlemagne, ce modèle des rois, et qui n'a
pas encore eu d'imitateur sur le trône ; nous nous enorgueillirons de beaucoup d'autres princes qui ont donné leurs
noms à leur siècle, et dont le règne fait époque dans le
monde et rappelle soit les plus doux, soit les plus grands
souvenirs.

Et pourquoi étoufferions-nous le sentiment de notre justice ? Isolons Louis XVIII de ses conseils, nous ne trouverons
en lui qu'un prince dont le cœur était plein des plus droites
intentions.

N'équivoquons donc pas sur les véritables causes de la
révolution de 1815. Le sénat, en annonçant son hérédité,
en ressuscitant l'ancienne noblesse, en nous apprenant qu'*il*

s'en était élevé une nouvelle, sonna le tocsin. Les gens sensés envisagèrent cette institution comme un piège, et à peine le souverain s'y fût-il laissé prendre, que le peuple accoutumé à d'autres idées, déserta sa cause ; dès ce moment une révolution devint un besoin, et elle fut résolue.

L'espace de la lecture d'un bulletin changea l'état de paix en état de guerre intestine. La conduite toujours inconsidérée de la noblesse précipitait chaque jour le mouvement; le retour de Napoléon ne l'a pas décidé, il n'a fait qu'en régler la marche.

Pénétrez-vous de cette vérité, Napoléon : c'est un père, c'est un chef de famille que nous voulons. Nous reverrons le trône, mais ce n'est qu'autant qu'il soit une arche d'alliance entre les citoyens, un concert de volontés entre les peuples et ceux qu'ils élèvent à la souveraine puissance. La stabilité des gouvernemens et leur fragilité dépendent du compte que tiennent, ou du mépris que font les princes des droits, des libertés, de l'égalité et des pensées des nations.

Nous adopterons sans doute avec orgueil le guerrier qui a illustré nos armes, sans aucune idée de retour sur ses projets de grands envahissemens, sur la dépopulation que nous ont coûté ses triomphes et ses revers.

Nous nous consolerons de nos pertes, nous en perdrons le souvenir, si le général de la patrie n'aspire à d'autre puissance qu'à la protection de nos droits, de nos libertés, de notre sainte égalité.

Mais il nous faut cette garantie ; nous en sommes amans, nous en sommes jaloux. La France ne sera au comble de la félicité que quand elle reposera sous l'abri des droits, de la liberté, de l'égalité dont elle a fait la conquête.

Ces droits, cette liberté, cette égalité sont attaqués par l'acte additionnel qu'on peut considérer comme une grande distance franchie pour arriver au despotisme. Tout l'entourage, tout l'appareil nous en sont présentés sans ménagement, comme si l'on avait acquis le droit de nous mépriser assez pour nous croire incapables de tout discernement sur les formes et sur le fond d'un pacte conventionnel de peuple à roi.

Faut-il donc vous le dire, Napoléon ? La vérité ne peut plus être obscurcie pour une nation pleinement initiée à tous les mystères des gouvernans. L'usage qu'ils nous ont fait faire de leurs tactiques depuis 25 ans, ne laisse plus rien d'impénétrable pour nous : nous n'en sommes pas réduits comme nos aïeux, à l'instruction que donne l'histoire des tyrans qui, avant nous, ont asservi le monde ; à cette leçon s'en joint une bien plus utile, et dont le fruit ne sera point perdu, celle de l'expérience dans notre propre cause : fondateurs de nos droits, de nos libertés, de notre sainte égalité, nous sommes sur les traces de ceux qui veulent les envahir ; nous savons tout aussi bien qu'eux comment le despotisme s'organise, se constitue et se consolide : nous avons gravé dans notre mémoire jusqu'aux événemens qu'on suscite, jusqu'aux spectacles dont on est prodigue pour détourner l'attention des peuples. Nous avons appris, sans étude, car la tyrannie nous a dispensés de tous efforts, jusqu'à la langue, la propre langue qu'on adopte aux circonstances, pour séduire la crédulité des nations. Cette science n'est plus, comme jadis, le patrimoine exclusif de quelques particuliers studieux ; elle a pris racine au sein des familles ; il n'est personne désormais qui ne juge sainement, au premier coup, du mérite des institutions, du genre des modifications proposées, de l'intention de l'auteur, du but qu'il se propose d'atteindre.

On se défie des faiseurs de constitutions. On se défie des constitutions faites dans le secret des conseils des puissances ; car on sait bien que les constituans les moins propres à consacrer les droits des peuples, sont les rois.

On se défie de constitutions présentées par un pouvoir qui fut isolé des conseils nés de la nation ; d'un pouvoir qui, de sa seule autorité, laisse un vide effroyable dans l'état, par le renversement de tous les autres pouvoirs constitués, de ces pouvoirs cependant qui, comme le sien, constitués par le peuple, ne pouvaient, comme le sien, cesser d'exister que par la volonté nationale.

On se défie d'une constitution qui redoute la discussion et l'examen, qu'on ne soumet qu'à une acceptation précipitée, et qui ne comporte aucune explication.

On se défie, à plus juste titre encore, d'actes de modification qui ne disent que vaguement ce qu'ils prétendent modifier, qui ne modifieraient au surplus que des constitutions déchirées pièces à pièces, et englouties dans un dédale de sénatus-consultes, de lois prétendues organiques, de décrets dits interprétatifs, de déclarations ou d'avis du conseil, d'institutions inconstitutionnelles de tout genre, sur lesquelles on ne s'explique pas, et qui laisseraient à la puissance toute la latitude de l'arbitraire.

Est-ce donc une addition à des constitutions dénaturées, méprisées, avilies, dégradées, transgressées de tant de manières et sous tant de formes différentes par la puissance, dont nous éprouvons le besoin ? Est-ce donc une addition à des constitutions détruites, dont les pouvoirs eux-mêmes sont dans le néant, soit par l'abdication de l'Empereur, soit par l'abolition des deux principaux corps constitués, soit par la mise en suspend des autres, qu'il nous fallait ?

Non, sans doute ; ce qui devenait d'impérieuse nécessité, c'est la refonte entière du pacte social ; c'est un corps complet, seul et unique de constitution claire, nette, précise, positive, qui détermine franchement et sans obscurité, et place dans une ligne droite et évidente la série des droits et des devoirs de chacun, qui fixe d'une manière invariable l'étendue et les bornes de l'attribution des divers pouvoirs, qui rende chacun d'eux indépendant des autres, et qui enfin ait un régime assez fort dans toutes ses parties, pour qu'aucun des pouvoirs ne puisse à l'avenir franchir, comme par le passé, les barrières qu'elle aura posées.

Vos promesses ont été éludées, Napoléon ; la France a été cruellement trompée dans l'espoir que vous lui aviez fait concevoir : à mesure que l'acte du 22 avril se répand, les cœurs se serrent, l'enthousiasme se détruit, vos amis s'éclaircissent ; ils rentrent, perdus de désespoir, dans le sein de leurs familles, auxquelles ils ne doivent laisser pour héritage que la servitude, que l'injurieuse inégalité, à la place de la liberté, de l'égalité qu'ils avaient eu tant de peine à conquérir et dont vous aviez si solennellement promis de leur assurer l'éternelle possession.

Voulez-vous que la présentation de cet acte ait l'efficacité de vous assurer de la volonté nationale ? Ordonnez le vote par scrutin secret.

Les murmures qui se manifestent de toutes parts prédisent assez que le rejet en sera prononcé d'un accord unanime.

Préférez-vous une forme d'acceptation qui mette en évidence, à côté du nom de chacun, son opinion ?

Interrogez la police.

Vous verrez si cette présentation a d'autres résultats que ceux qu'il est si facile de prévoir.

Les magistrats, les fonctionnaires, les salariés qui sont tous en suspend, dont la considération, l'état, l'existence vont dépendre de leur acceptation, voteront, parce qu'il faudra qu'ils votent, accepteront, parce qu'il faudra qu'ils acceptent. Peut-être pourtant s'en trouvera-t-il qui reculeront, quand il s'agira de forger des fers à leur patrie.

D'autres, conduits par un esprit aussi sublime, tourneront la vue vers les frontières ; ils accepteront, parce qu'il faut se presser dans le péril ; mais n'accepteront que dans la confiance qu'un acte repoussé par l'opinion ne peut être durable.

D'autres prononceront le rejet.

Le plus grand nombre, la presque totalité de la nation, s'abstiendra.

Et de la sorte, les uns au for extérieur, les autres dans le for intérieur, frapperont cet acte de réprobation.

Tous obéiront uniquement parce qu'ils seront forcés d'obéir ; et seulement tant qu'ils seront forcés de le faire.

Le peuple français s'attache singulièrement aux institutions ; c'est un grand ressort pour faire agir tous les mouvemens de son affection ; mais aussi, s'il est patient, il ne supporte le joug que dans l'attente des circonstances, et ces circonstances se présentent à peine, qu'il est aussi prompt qu'habile à s'en saisir ; il a un moyen , le plus redoutable de tous , c'est l'inertie ; depuis 25 ans les gouvernemens qui se sont succédés en ont subi l'épreuve. Vous n'en avez pas été tout-à-fait exempt en 1814, et les Bourbons l'ont ressenti d'une manière bien plus prononcée en 1815 ; ce serait une faute de vous le taire , l'acte du 22 avril ne laisse à l'observateur que les plus funestes pressentimens.

C'est dans les passages difficiles que les peuples attendent les rois.

La France a abandonné les Bourbons à leurs premiers-nés , à leur noblesse, parce qu'ils ne voulaient pas être , à titre égal , les pères de la patrie commune.

La grande famille, Napoléon , vous deviendrait-elle et deviendrait-elle étrangère à votre trône ? Vous faut-il et à votre dynastie une famille de prédilection , une race de demi-dieux ? Votre cause n'est-elle plus la nôtre ? N'est-elle plus celle de nos droits, de notre liberté , de notre égalité ? C'est cependant pour ces avantages que nous avons combattu jusqu'ici. S'il n'existe plus que des constitutions qui nous ravissent le fruit de 25 années de luttes et de combats, qu'importe au peuple par quelle noblesse il sera asservi, lorsqu'il n'a d'autres reproches à faire à l'ancienne que le vice de son institution ! Que lui importe à qui écherra le partage de le dominer !

Qu'on se garde bien de tomber dans l'erreur ; ce n'est ni la crainte de restitution des biens nationaux , ni la crainte de la résurrection des dîmes et droits féodaux qui a décidé en 1815 du sort de la dynastie.

On savait bien que les campagnes , comme les cités, étaient affirmativement prononcées sur les chefs , qu'il y avait trop d'intérêts à froisser , qu'aucune puissance humaine ne pouvait opérer un semblable retour.

Ces craintes n'ont été qu'un levier de plus dont on s'est servi pour donner un mouvement plus prompt au changement universellement désiré.

Le grand grief, le seul véritable, celui qui était dans la conscience de tout le monde, c'est une charte octroyée à la place d'un contrat social ; c'est une charte destructive de nos droits, de nos libertés, de notre égalité ; c'est l'envahissement du pouvoir constituant par le pouvoir constitué ; c'est le rétablissement des distinctions héréditaires proscrites; c'est le dessein apperçu de conseils et de ministres aussi imprudens qu'incapables de concentrer dans une classe tous les avantages de l'état.

Voilà la cause et la cause unique du nouvel exil de l'ancienne dynastie : voilà l'unique cause du retour de Napoléon, de son triomphe au milieu de la France.

Amis fidèles de nos droits, de nos libertés, de notre égalité, nous n'avons pas délaissé ceux qui refusaient de les reconnaître , pour consacrer un sénat héréditaire, appelé non par le mérite, mais par le hasard de la naissance, à l'œuvre important de notre législation , et déjà investi du privilège exclusif de présider le peuple dont il n'est pas l'élu ; dans le service étroit qu'on veut bien lui laisser de sa souverainneté ; nous ne nous sommes pas séparés d'une dynastie nobiliaire, pour lui en substituer une autre. Le souvenir des abus inséparables de semblables institutions nous est beaucoup trop récent.

Qu'avons-nous donc fait autre chose que de nous rallier autour d'un enfant de la révolution qui nous jurait d'en consacrer les principes ? Tel fut sur nous l'empire de l'opinion que, convaincus de voir succéder à la paix qui, après cinq lustres d'une guerre devenue d'année en année plus désastreuse, devait pourtant avoir des attraits bien puissans pour nous ; que convaincus, dis-je, de voir succéder à la paix une guerre d'extermination, nous préférâmes nous ensevelir, avec un fils adoptif de la liberté et de l'égalité, sous les ruines de notre patrie, plutôt que de subir de nouveau le joug d'institutions usurpatrices de nos droits, de notre liberté, de notre égalité.

Qui donc a assuré ton triomphe, Napoléon ? qui t'a élevé sur le pavois ? qui t'a porté d'une extrémité de la France jusque dans la capitale de l'empire ? qui se charge de te remonter et de te maintenir sur le trône dont tu es descendu ? qui accepte la lutte avec tous les peuples de l'Europe conjurés contre toi ? qui prend ta cause ? qui entreprend de la soutenir ? qui fera les frais de la guerre ? qui payera de sa personne et de son sang ? qui te sacrifie la fortune, l'existence, la liberté ? qui brave pour toi les dévastations et la ruine, les déserts de la Sibérie et le mont Caucase, toutes les horreurs de la plus cruelle servitude ? La nation, d'un concert unanime, la nation toute entière, citoyens soldats, et soldats citoyens, (entends et comprends bien, Napoléon,) le peuple proprement dit.

Et au moment où le vrai français t'envisage comme le patron de ses droits, de sa liberté et de son égalité chérie, au moment où il se dévoue sans réserve, corps et biens, patrie et liberté, pour toi, au moment où il brave, uniquement dans ton intérêt, le débordement de l'Europe qui ne lui demande que le sacrifice de ta personne, tu lui imposerais une transaction honteuse sur les droits les plus chers à son affection : plus injuste que notre antique monarchie, qui, datant ses préjugés de son institution, prétendait que les abus nés et vieillis avec elle avaient acquis une force aussi immuable que la sienne, et devaient, à son égal, triompher de la révolution, c'est dans un régime tout nouveau, dans un régime de notre volonté et de notre choix que tu viendrais replacer des institutions nobiliaires réprouvées par nous !

Tu veux une inégalité que nous ne pouvons soutenir ! des fils de prédilection ! une noblesse et une roture, des praticiens et des plébéiens ! des races héréditaires par privilège ! des successeurs, à perpétuité, des premières charges, des dignités les plus importantes de l'état ! Tu te réserves la création d'une autre noblesse, dont l'institution est implicitement arrêtée dans la faculté exclusivement interdite aux pouvoirs constitués de recréer la noblesse féodale !

Et quels seront vos premiers-nés ? Sans doute, Napoléon, que votre cœur, vos conseils, votre pairie héréditaire, nos ministères, nos relations extérieures, nos magistratures, nos administrations supérieures, notre épiscopat, reproduiront encore sur la scène ces grands noms dont les héritiers ont, dans le court espace de 25 années, déserté trois fois la cause de la patrie, et trahi trois fois soit celle de la dynastie à laquelle leurs ancêtres devaient toute leur illustration et toute leur fortune, soit la vôtre, à vous qui leur aviez prêté une main secourable dans le naufrage, et les aviez affaissés sous le poids des titres, des décorations, des charges les plus éminentes et les plus lucratives de l'état.

Mais fixons-nous, car le temps nous presse, sur les articles 3, 4, 5 et 6, et sur les dispositions prohibitives de l'article 67 de l'acte du 22 avril.

Vous avez acquis, Napoléon, par l'illustration de vos armes, par la célébrité de votre exil, par le miracle de votre retour, par votre magnanimité enfin envers la dynastie fugitive, la prééminence dans les fastes qui portent à la postérité le souvenir des hommes du premier ordre qui ont figuré sur le théâtre du monde.

Votre réputation n'appartient plus à l'avenir.

Les revers eux-mêmes, de quelque nature qu'ils fussent, n'inspireraient à nos derniers neveux que plus d'attachement à votre nom.

Mais il vous reste un autre genre de gloire à envier, celle d'obtenir rang parmi les législateurs de cet univers ; j'entends par législateurs ceux qui fondent ou reconsolident les sociétés.

Il n'y a qu'une voie pour y arriver. Il faut savoir vous élever au-dessus des préjugés de la caste dans laquelle vous êtes né, vous rendre une bonne fois le maître absolu de l'ambition qui vous menerait plutôt à observer qu'à constituer, et renoncer à étendre votre pouvoir dans l'état, comme vous avez renoncé à reculer les bornes de l'empire.

Pour faire une constitution qui traverse les siècles, gardez-vous de la composer de parties repoussées par l'opinion. Méfiez-vous d'institutions qui menacent plutôt qu'elles ne consolident les sociétés. Profitez des grandes instructions de l'histoire ; et si votre vue se porte au-delà des besoins et des avantages du jour, il vous sera facile de prévoir les conséquences. Vous ne ferez qu'embarrasser l'état, et fussiez-vous assez puissant pour franchir tous les obstacles, vous ne léguerez à votre dynastie que des travers, et à nos descendans que des révolutions.

C'est un mauvais moyen que de heurter l'opinion ; c'est un moyen plus mauvais encore, que de reproduire des institutions qui ne conviennent pas plus à notre position qu'aux idées reçues, et qui n'ont laissé que le souvenir d'abus destructeurs de tout ordre social.

Les articles cités d'une part établissent l'hérédité dans la pairie, de l'autre ne sont prohibitifs d'autre institution privilégiée, que du rétablissement de la noblesse dite *féodale*, ce qui comporte plus qu'implicitement dans le texte et expressément dans l'intention, la faculté de conserver ou d'instituer toute autre noblesse.

Voilà donc qu'on nous fait retrograder jusqu'à 1789 ; car c'était là toute la question, tout le procès de la révolution.

Si cette question n'est pas encore résolue, que faut-il donc pour imprimer le caractère et l'autorité de la chose jugée ?

L'égalité absolue entre les citoyens, nulle autre distinction que celle qui résulte des charges et des récompenses temporaires ou à vie, tel a toujours été la volonté nationale.

L'assemblée constituante l'avait solennement proclamée.

Les constitutions l'avaient consacrée jusqu'en 1814.

Et à cette époque, le peuple a-t-il cessé de s'expliquer avec moins d'énergie ?

L'acte du sénat qui ressuscitait l'hérédité et les races distinctes, anciennes ou nouvelles, fut conspué.

La charte devint, pour la même cause, une déclaration de guerre entre la nation et le trône.

Il est vrai que le peuple simple et droit dans ses jugemens n'avait pas fait cette distinction subtile de *noblesse féodale*. Mais à quoi sert cette subtilité ? A lui apprendre à se défier des mots, et comment on travestit tout, par l'abus qu'on en fait. Il ne voit en cela que le piège d'une chicane bien petite, bien misérable, et qui laisse les auteurs bien au-dessous des grands intérêts qu'il s'agissait de discuter.

On sent bien que ce détour peut ouvrir un port de fortune à ceux qui, destructeurs de l'ancienne noblesse, comme abusive, ne voient aucun abus à se servir de sa dépouille.

Mais la nation, dont les idées sont nettes, et qui ne laisse rien d'obscur dans la manifestation de sa pensée, n'a jamais entendu se dégager des liens de l'ancienne noblesse, pour rentrer dans les liens d'une nouvelle. Elle n'a pas confondu la féodalité avec la noblesse. Si l'on pouvait conjecturer (et la conjecture serait fausse,) que la féodalité eût été l'origine de la noblesse en France, toujours serait-il vrai que fort peu de races féodales se fussent perpétuées jusqu'en 1789 ; que presque tous les nobles tiraient leur origine de la munificence, ou de la cession des rois. Que ce n'était pas le plus grand nombre qui eût en 1789 des terres féodales ; que la féodalité ne conférait pas la noblesse, ni la noblesse la féodalité ; que la féodalité était un attribut de la terre et non de la personne.

En adoptant le sens de la sublime découverte des faiseurs de l'addition, il en faudrait conclure que l'abolition n'ayant frappé que sur la *noblesse féodale*, on eût fait exception des nobles qui prouveraient que leur ennoblissement n'avait rien de féodal, que les titres en avaient été concédés à leurs ancêtres, ou pour des hauts faits, ou pour de l'argent; et, de conséquence en conséquence, que le corps presque entier subsisterait encore; car si l'on n'a supprimé que la *noblesse féodale*, tout titre non infecté de féodalité, et qui a été mérité ou vendu, comme cela continue de se pratiquer, continuerait d'avoir ses effets.

Voilà pourtant comme les faiseurs arrivent à une conséquence qu'ils ne veulent pas; car il s'en faut qu'ils soient dans l'intention d'accorder à d'autres la primauté d'état. Ils ne pouvaient rien gagner à se jouer si grossièrement de l'opinion publique. Qu'ils mettent de côté tout subterfuge inutile, et qu'ils s'élèvent avec nous à la hauteur de notre pensée.

Toute institution destructive de l'égalité entre les citoyens, c'est le terme d'abolition prononcé par nous.

Entendez-vous, Napoléon ? le sang français est trop pur pour qu'il puisse subir une dépuration; et tel est le noble orgueil de la nation, qu'elle ne connaît rien de plus grand, rien à accorder au-dessus du titre de Français.

Et croit-on que ce soit sans discernement et sans le sentiment de l'intérêt et de l'ordre social que nous déterminons le choix de nos institutions ?

Nous adoptons d'inclination la monarchie et l'hérédité au trône, parce que nous les croyons nécessaires à notre conservation et à notre repos.

Nous voulons que certaines institutions soient à vie, parce que de l'indépendance de ces institutions dépend la garantie de nos droits.

Mais ce n'est plus depuis long-temps une question que de savoir si les ordres privilégiés sont avantageux ou nuisibles à l'état, s'ils sont utiles ou pernicieux pour la monarchie.

Les corps privilégiés, dans tous les pays, sous quelque dénomination qu'ils se constituent, ont une parfaite similité de conduite à toutes les époques de leurs fastes.

L'envahissement des terres conquises, l'expropriation, jusqu'à main armée, du domaine public, voilà leurs premiers excès.

Et dans l'habitude de leurs institutions, d'après les témoignages historiques anciens et modernes, impossible de les trouver hors de ce cercle.

Tour-à-tour se servant de la puissance publique pour opprimer les peuples, ou soulevant les peuples, pour asservir et renverser les trônes.

A toutes les époques désastreuses des monarchies ou des républiques, vous les trouvez, ou réduisant les nations au désespoir, ou dégradant la puissance, et la condamnant aux plus honteuses humiliations.

A Rome, comme en France, vous les voyez ou sonner l'alarme contre l'autorité, ou ne se réconcilier avec elle que par les proscriptions.

Et la mesure de cette insconstance? L'intérêt; car l'esprit de tout corps privilégié est d'abord d'observer les pouvoirs, les honneurs et la fortune de la société, et tout aussitôt de se dispenser de ses charges.

La faute en est toute entière aux institutions. A Dieu ne plaise que je veuille marquer les hommes et les titres d'un signe égal de réprobation : nous naissons tous avec les mêmes dispositions ; l'inclination, encore plus que le besoin, nous entraîne les uns vers les autres ; voyez-nous dans notre enfance, nous n'éprouvons que le besoin d'aimer nos semblables ; suivez-nous dans le monde, le privilège n'inspire que l'envie de dominer.

C'est que les institutions, et l'éducation qui en est la conséquence, détruisent les liens de famille, détruisent et corrompent tout.

Les privilèges, par eux-mêmes, paralysent toute émulation ; ils sont ennemis de tous progrès, et les provinces dans lesquelles ils ont le plus d'action restent à une grande distance de la bonne civilisation.

L'ordre privilégié, quelque part que vous le considériez, n'a point de patrie, n'affectionne précisément aucun gouvernement; composé de préjugés et d'orgueil, il rapporte tout à lui; la patrie, c'est l'ordre; le bon gouvernement, c'est celui qui laisse la plus grande part dans la conduite de l'état, ou qui se rachète de ce honteux partage par une plus grande déprédation de la fortune publique, insatiable et absolue dans ses prétentions; rois, nations, sont tyrans ou rebelles, au gré de son intérêt qui légitime à ses yeux jusqu'à la distraction des empires.

Aucun ordre privilégié ne peut marcher sans une escorte de prérogatives injurieuses à la nation et préjudiciables à l'ordre sociale.

Et pourquoi en chercherions-nous un exemple ailleurs que dans les institutions qu'on nous propose, et qui ne sont pourtant encore qu'à leur berceau ?

La pairie pourra s'accorder à l'importunité ou à la brigue; elle pourra même se vendre; c'est un trafic presque inséparable de semblables institutions : et on n'a que raison de le redouter, quand le nombre des pairs est indéfini; il ne s'accroîtra même qu'en degré de la faiblesse du pouvoir exécutif, et toujours au détriment de la fortune publique.

Mais tous ces inconvéniens n'existeraient-ils pas, où sont les gages qui peuvent racheter la pairie de tant d'autres ? Est-ce dans le privilège de l'hérédité ? Est-ce dans la prérogative de prendre part à 21 ans et de compter à 25 dans les délibérations du premier ordre ? Dans l'hérédité, qui peut ne produire que des rejetons au-dessous de toute aptitude, dans cet âge qui ne permet assurément pas la réflexion suffisante, et qui, il faut le dire en passant, a perdu les Parlemens.

Est-ce dans l'esprit de corps ? Rois et nations, tremblez l'un et l'autre...... Quelle institution substituée à un sénat où ne pouvaient s'élever que des citoyens choisis parmi des candidats dont l'âge garantissait la maturité, qui, par les liens de famille, offrait un gage si positif, dont le suffrage public attestait les mœurs et la capacité !

Peuple, on vous dépouille, on vous prive d'un de vos plus beaux attributs, celui d'honorer la vertu ; on redoute votre choix, qui ne s'est cependant fixé que sur les fidèles amis de la patrie ; on vous livre à la discrétion d'un nouvel ordre privilégié. Français, vous rétrogradez jusqu'à l'époque de votre conquête. Serait-ce donc votre destinée ? Votre histoire va reprendre le cours que semble lui tracer la fatalité ; elle ne sera plus, encore une fois, que le récit des luttes éternelles entre le trône et la noblesse ; luttes dans lesquelles vous ne figurerez plus que comme les instrumens et les victimes de l'un et de l'autre.

Voyez avec quel vol rapide s'éleverait dès sa naissance l'ordre qu'on vous propose. Le voilà déjà titulaire de votre électorat, titulaire de la présidence de vos colléges des départemens : vous ne pouvez plus opérer que sous la direction d'un homme titré ; rien n'empêche que la compatibilité de la pairie avec toutes les fonctions publiques ne vous place sans tarder sous la dépendance absolue d'une nouvelle puissance nobiliaire.

Telle doit être l'intention des faiseurs. Et qu'avait donc de plus vicieux la charte royale, si tout ce qu'il y a de libéral dans l'acte d'addition en est emprunté ? Combien on enchérit sur tout ce qu'elle avait de contraire à vos habitudes et à vos opinions ! Effacez nommément, Napoléon, l'article 59 de votre acte additionnel ; ce n'est pas une apparence de libéralité, ce n'est pas une énonciation stérile de principes qu'il nous faut ; c'est leur application. Que nous importe d'en voir nos murs placardés, s'ils ne sont que des hors-d'œuvres de nos institutions publiques !

Préservez-nous au moins, préservez-nous du supplice de Tantale : pourquoi nous montrer le bien, quand il nous est interdit d'en jouir ?

Les principes que nous invoquons ont leurs tables, et ces tables sont nos cœurs, Napoléon.

Les constitutions s'usent, les gouvernemens font sans cesse place à d'autres; mais nos opinions sont permanentes; on peut les comprimer, on ne peut les détruire : elles feront la conquête du globe, et auront la durée du monde.

Nous pouvons en faire la règle de nos conventions sociales, sans craindre que la postérité les démente, parce qu'elles reposent sur l'éternelle vérité.

C'est aussi cette vérité, Napoléon, qui nous éclaire sur les dispositions prohibitives de l'article 67, qui ont trait à l'ancienne dynastie.

Le malheur de voir s'éteindre votre maison n'atteindra, nous l'espérons, que nos derniers neveux, et comme tout pouvoir émane de la société existante, nous ne pouvons nous constituer juges ni des besoins, ni des inclinations de ceux qui nous succéderont; les temps leur apprendront à leur tour ce qui conviendra le mieux à leurs intérêts.

Quant à vous, Napoléon, et à vos héritiers au trône, parlons avec franchise : les constitutions ne sont que les corps de réserve du trône, leur force véritable est l'affection des peuples : les princes ont en eux les moyens d'éloigner toutes concurrences et de paralyser jusqu'à l'ambition; c'est de placer avec eux la philosophie sur le trône, de révérer l'opinion, et d'assurer le bonheur des peuples.

La génération vous a salué du nom de Grand, méritez un titre au-dessus de tous les titres : celui de Protecteur des droits des nations et de Libérateur de la Patrie.

FIN.

75

www.ingramcontent.com/pod-product-compliance
Lightning Source LLC
Chambersburg PA
CBHW061659050726
47598CB00004B/1624